Aubergine et Perdido

Roselyne Cazazian

Hurtubise

Catalogage avant publication de Bibliothèque et Archives nationales du Québec et Bibliothèque et Archives Canada

Cazazian, Roselyne

Aubergine et Perdido

Pour enfants de 3 ans et plus.

ISBN 978-2-89647-245-1

I. Titre.

PS8605.A98A923 2010 jC843'.6 C2010-941005-X
PS9605.A98A923 2010

Les Éditions Hurtubise bénéficient du soutien financier des institutions suivantes pour leurs activités d'édition:

- Conseil des Arts du Canada;
- Gouvernement du Canada par l'entremise du Programme d'aide au développement de l'industrie de l'édition (PADIÉ);
- Société de développement des entreprises culturelles du Québec (SODEC);
- Gouvernement du Québec par l'entremise du programme de crédit d'impôt pour l'édition de livres.

Illustrations: Roselyne Cazazian
Éditrice jeunesse: Sonia Fontaine
Graphisme et mise en page: René St-Amand

ISBN 978-2-89647-245-1

Dépôt légal: 3e trimestre 2010
Bibliothèque et Archives nationales du Québec
Bibliothèque et Archives du Canada

Diffusion-distribution au Canada:
Distribution HMH
1815, avenue De Lorimier
Montréal (Québec) H2K 3W6
Téléphone: 514 523-1523
Télécopieur: 514 523-9969
www.distributionhmh.com

Diffusion-distribution en Europe:
Librairie du Québec/DNM
30, rue Gay-Lussac
75005 Paris France
www.librairieduquebec.fr

Imprimé à Singapour

www.editionshurtubise.com

À feu Yves Noel, ton amour a rempli mon cœur de couleur.
Et si ton absence m'attriste profondément, tu seras toujours ma source d'inspiration.

C'est **l'hiver !** Un épais
duvet blanc enveloppe la ville.
Des **flocons** dansent dans le ciel.

Aubergine et Kiko font
un bonhomme de neige.
Un gros bonhomme
d'un blanc **scintillant**,
avec des yeux en briquettes
de charbon.

Soudain, un petit cri s'élève.

Écoute, **Kiko...**
J'entends quelque chose !

Au pied d'un sapin, une petite **boule** de fourrure noire miaule tristement. C'est un **chaton** !

C'est le chat
de la photo !

— La photo ?
Quelle photo ?
Pauvre petit.
Il doit être **perdu**.
Il doit avoir **froid**.
Il est tout **tremblant**.
On l'emmène à la maison,
dit **Kiko**.

Dans la cuisine, Papou prépare le souper.

— La photo ? Quelle photo ?
Il est sûrement perdu.
Pauvre petit, il doit avoir **faim**,
remarque Papou.

Mamou entre dans la cuisine.

— Que se passe-t-il ici ?

On a trouvé un chat ! C'est le chat de la photo.

— La photo ? Quelle photo ?

Mamou le prend dans ses bras et le cajole.

— Pre-dido ? Qu'est-ce que ça veut dire Pre-dido ? demande Aubergine.

— Il vient d'Espagne ? demande Aubergine en imaginant le chat habillé en **torero**.

— Ou peut-être de Mexico ? dit Kiko, l'imaginant porter un **sombrero**.

Oh ! Aubergine,
que fais-tu là !
Je cherche la
phoooto !

Regarde,
c'est lui!
Le chaton perdu!
Avez-vous vu ce chaton?
appelez-123-miao

— Tu as raison, Aubergine, c'est bien lui ! J'appelle tout de suite. Mamou compose le numéro : 123-MIAO

Mais il n'y a aucune réponse.
— Si ça ne répond pas, est-ce qu'on pourra le garder ?
— Non, Aubergine, il faudra rappeler. Les propriétaires doivent être très inquiets.

Pendant sept jours et sept soirs, **Mamou** appelle, mais personne ne répond.

Pendant sept jours et sept soirs, **Aubergine** se réjouit qu'il n'y ait pas de réponse.

Ainsi, pendant sept jours et sept nuits, Perdido habite avec Aubergine et sa famille.

Tous les matins, il pratique le **yoga** avec Mamou.

À tous les repas, il **mange** avec Tatou. Quel glouton, ce chaton !

Après le souper, il aime regarder des films de karaté.

Et une fois la nuit tombée,
Perdido s'endort comblé
dans les bras d'Aubergine.

Malgré tout, Mamou continue d'appeler le numéro 123-MIAO. Et voilà que le huitième matin...

Mais Aubergine n'est pas heureuse.

Kiko non plus !

À midi, au grand désespoir d'Aubergine, on sonne à la porte. Deux personnes se présentent. Le grand jeune homme s'exclame :

Aubergine,
le chaton ne t'appartient pas.
Maintenant, donne le chat au
gentil monsieur, s'il te plaît !

Le serrant contre elle,
Aubergine supplie :

Tout le monde éclate
de **rire**.

Aubergine éclate en **sanglots**.

La voisine est **touchée** et propose :

Sèche tes larmes, ma belle.
Si tes parents sont d'accord,
tu pourrais garder Charlo…
ou plutôt Perdido. On a quatre
autres chatons à la maison
et on leur cherche
de bons foyers.

Depuis ce jour-là, le chaton **perdu** n'est plus dans la rue.

Depuis ce jour-là, Perdido a adopté Aubergine et il mène la belle vie dans sa nouvelle famille.

Une Aubergine pas comme les autres
Roselyne Cazazian
Ce n'est qu'un nuage Aubergine
Roselyne Cazazian
Hurtubise
Aubergine et Perdido
Roselyne Cazazian
Hurtubise
Aubergine Ce n'est pas drôle la garderie !
Roselyne Cazazian
Hurtubise